QU YUAN BIOGRAPHY

屈原传

中国历史名人传记

QING QING JIANG

江清清

PREFACE

I am excited to welcome you to the Chinese Biography series. In this series, we will discover lives of some of the most famous people from Chinese history. Each book will introduce a famous Chinese personality whose contributions were immense to shape China's future. The books in Biography series contain numerous lessons in Mandarin Chinese. We start with a brief introduction of the book in the preface (前言), a bit detailed introduction to the person, and continue to dig his life and relevant issues. Each book contains 6 to 10 chapters made of simple Chinese sentences. For the readers' convenience, a comprehensive vocabulary has been provided at the beginning of each chapter. The pinyin for the Chinese text is provided after the main text. Further, to enforce a deeper Chinese learning, the English interpretation of the Chinese text has been purposely excluded from the books. This would help the readers think deeply about the contents the way native Chinese do! In order to help the students of Mandarin Chinese remember important characters, words, long words, idioms, etc., these entities have been purposely repeated throughout the book, and across the books in the series. Taken together, the books in Biography series will tremendously help readers improve their Chinese reading skills.

If you have any questions, suggestions, and feedbacks, feel free to let me know in the review or comments.

You can find more about China and Chinese culture on my blog and Amazon homepage.

I blog at:

www.QuoraChinese.com

-Qing Qing

江清清

©2022 Qing Qing Jiang

All rights reserved.

MOST FAMOUS & TOP INFLUENTIAL PEOPLE IN CHINESE HISTORY

SELF-LEARN READING MANDARIN CHINESE, VOCABULARY, EASY SENTENCES, HSK ALL LEVELS

(PINYIN, SIMPLIFIED CHARACTERS)

ACKNOWLEDGMENTS

I am a blogger. It has been a long and interesting journey since I started blogging quite a few years ago.

The blogging passion enabled me to write useful contents. In particular, I have been writing about China, and its culture.

My passion in writing was supported by my friends, colleagues, and most importantly, the almighty.

I thank everyone for constantly inspiring me in my life endeavours.

CONTENTS

PREFACE 2

ACKNOWLEDGMENTS 4

CONTENTS 5

LIFE (人物生平) 7

QU YUAN'S LIFE EXPERIENCES (屈原身世) 15

QU YUAN'S POETIC STYLE (屈原诗体风格) 17

QU YUAN'S MASTERPIECES (屈原代表作) 20

LISAO (离骚) 24

LI SAO INTERPRETATION (离骚解读) 26

ABOUT THE DRAGON BOAT FESTIVAL (关于端午节) 33

DRAGON BOAT FESTIVAL AND QU YUAN (端午节与屈原) ... 38

MORE INFORMATION ABOUT QU YUAN (更多屈原的信息) ... 50

前言
《屈原传记》

前言：今日给大家介绍一下屈原。屈原的名字叫平，他和楚怀王是血缘族亲关系。屈原是个见多识广的人，他拥有着超强的记忆力和极强的思维逻辑能力。对于一切国家政治大事他似乎都了如指掌，所以参与了很多外交活动和接待宾客活动，因此很受楚王的青睐。

Jīnrì gěi dàjiā jièshào yīxià qūyuán. Qūyuán de míngzì jiào píng, tā hé chǔ huái wáng shì xiěyuán zú qīn guānxì. Qūyuán shìgè jiàn duō shì guǎng de rén, tā yǒngyǒuzhe chāo qiáng de jìyìlì hé jí qiáng de sīwéi luójí nénglì. Duìyú yīqiè guójiā zhèngzhì dàshì tā sìhū dōu liǎorúzhǐzhǎng, suǒyǐ cānyùle hěnduō wàijiāo huódòng hé jiēdài bīnkè huódòng, yīncǐ hěn shòu chǔ wáng de qīnglài.

LIFE (人物生平)

Qu Yuan (屈原, about 340 BC-278 BC), also known as Qu Ping (屈平), Qu Zi (屈子), and Qu Zhengze (屈正则), was a great patriotic poet (爱国诗人) of the Chu State (楚国, ?-223 BC) during the Warring States Period (战国时期, 770 BC-221 BC).

He was born into a noble family in the Zigui County (秭归县) of the Chu State, located in the modern Yichang, Hubei province (今湖北宜昌). If we trace his lineage, his surname would be the same as that of King Wu of Chu (楚武王, real name: Xiong Tong, 熊通, ?-690 BC). Indeed, Qu Yuan was a descendant of Qu Xia (屈瑕, ? -699 BC), a high official position in the Chu State. Qu Xia was the son of King Wu of Chu (楚武王), who reigned from 740 BC to 690 BC for a total of 50 years. Qu Yuan's father was Qu Zhang (屈章), also known as Qu Boyong (屈伯庸).

Qu Boyong was a high official in the Chu State. He was not only a highly accomplished scholar, but also a person skilled in the martial arts. Qu Boyong was a patriotic person and spent most of his energy to serve the country. He had two children in his life, one was Qu Yuan, and the other was Qu You (屈由), both of whom were skilled and smart since their childhood. As a famous official of the State of Chu, Qu Boyong taught and cultivated the two brothers Qu Yuan and Qu You in line with the image of himself, which had a great influence on Qu Yuan's character and growth.

Coming from such a great family background, Qu Yuan was well-educated, knowledgeable, and ambitious. In his early years, he was trusted by King Huai of Chu (楚怀王, ?-296 BC), who reigned from 329

BC to 299 BC. Qu Yuan was an aristocrat of the state of Chu. He served the imperial court initially as Zuo Tu (左徒), and later as Sanlu Daifu (三闾大夫).

Zuo Tu was a unique official position in the state of Chu in the Zhou Dynasty (周朝, 1046 BC-256 BC), but none of the other vassal states in the Central Plains had this position. The Zuo Tu position was equivalent to the Prime Minister. The main responsibilities of Zuo Tu included being in charge of foreign affairs, discussing state affairs with the king, and issue orders. Also, when the king was away, Zuo Tu would receive guests. He was also responsible to deal with the vassals. The Zuo Tu position was equivalent to the role of the US Secretary of State, or the Prime Minister of the State Council in the early days of New China. In the state of Chu, Qu Yuan's position as Zuo Tu was equivalent to the right-hand man of King Huai of Chu. Later generations also used "Zuo Tu" as another name for Qu Yuan.

Sanlu Daifu was another official position specially appointed by the state of Chu. Sanlu mainly presided over the sacrifices of the ancestral temple, and was also in charge of the affairs of the royal family and clan. In particular, Sanlu was an official in charge of clan affairs of the three surnames, namely Zhao (昭), Qu (屈), and Jing (景). Qu Yuan took up this post after he was demoted. Before Qu Yuan was exiled, his last official position was "Sanlu". Later, "Sanlu" referred exclusively to Qu Yuan.

Basically, Qu Yuan was in charge of the domestic and foreign affairs. He advocated clean politics (美政), merit based promotion of talents, good leadership, revising laws and regulations, and the unity of external forces against the mighty Qin State (秦国, 770 BC-207 BC).

In 304 BC, Qu Yuan was exiled (驱逐) to Hanbei (汉北), an ancient place name, located in the present-day Hubei Province, due to being ostracized and slandered by the nobles. This was Qu Yuan's first exile that lasted 6 years (304 BC-299 BC).

Qu Yuan was exiled again in 296 BC, this time to the south of the Yangtze River (江南). This was after King Huai had died and the new king didn't have a good opinion about Qu Yuan. His second exile lasted 18 years (296 BC-279 BC).

After the Yingdu (郢都), the capital of the state of Chu located in the modern Jingzhou of Hubei province (湖北省荆州), was conquered by the Qin army, in the year 278 BC Qu Yuan sank in the Miluo River (汨罗江), and died in the state of Chu. It was on the fifth day of the fifth lunar month in 278, he threw himself into the Miluo River to die for his country.

There were numerous reasons why Qu Yuan committed suicide by throwing himself into the river when he was just about 62 years old. First, the monarch was incompetent. When King Huai of Chu was in power, he did not distinguish between rights and wrong, rather, he listened to corrupt officials. The patriotic Qu Yuan was not trusted and appreciated, and he was twice expelled from the county's capital. Loss and despair make suicides happen. Second, King Huai of Chu was framed by his two sons, and the ministers of Chu supported these two sons. However, Qu Yuan, who only wanted to benefit the country, disagreed with everyone and was ostracized and slandered by everyone; this was also a reason Qu Yuan was exiled by the new king. Third reason was the poor politics. Qu Yuan was a great statesman and poet, and he was still a part of the imperial court in the state of Chu. Because of the monarch's incompetence and abandonment of good politics, the country was desolate, which led to Qu Yuan's political rights being suppressed. He was unwilling to be misunderstood. He thought of sacrificing his life and making his ambition clear by his death. The fourth reason was his concern for the likely collapse of the state. Qu Yuan's was worried about the collapse of the state of Chu. He felt that he would rather die than be a slave of the subjugated state. Indeed, it's a pity that a great patriot and statesmen, like Qu Yuan, who had lost all hope, died by jumping into a river.

Qu Yuan was a great patriotic poet in Chinese history. He was the founder of Chinese Romantic Literature (浪漫主义文学). He was also the founder and representative writer of "Chu Ci" (楚辞), a new genre of poetry created by Qu Yuan. The appearance of Qu Yuan's works led the Chinese poetry enter a new era: from elegant singing to romanticism and innovative original creations. For example, Qu Yuan's long lyrical poem "Li Sao"《离骚》has a romantic style and is a representative work of Chu Ci, which is also called "Sao Style" (骚体). Here is a portion of "Li Sao":

《离骚》
【作者】屈原 【朝代】先秦
帝高阳之苗裔兮，朕皇考曰伯庸。
摄提贞于孟陬兮，惟庚寅吾以降。
皇览揆余初度兮，肇锡余以嘉名。
名余曰正则兮，字余曰灵均。
纷吾既有此内美兮，又重之以修能。
扈江离与辟芷兮，纫秋兰以为佩。
汩余若将不及兮，恐年岁之不吾与。
朝搴阰之木兰兮，夕揽洲之宿莽。

日月忽其不淹兮，春与秋其代序。
惟草木之零落兮，恐美人之迟暮。
不抚壮而弃秽兮，何不改乎此度？
乘骐骥以驰骋兮，来吾道夫先路！

"Lísāo"
[Zuòzhě] Qūyuán [Cháodài] Xiānqín

Dì gāoyáng zhī miáoyì xī, zhèn huáng kǎo yuē bó yōng.
Shè tí zhēn yú mèng zōu xī, wéi gēng yín wú yǐjiàng.
Huáng lǎn kuí yú chūdù xī, zhào xī yú yǐ jiā míng.
Míng yú yuē zhèngzé xī, zì yú yuē líng jūn.
Fēn wú jì yǒu cǐ nèi měi xī, yòu zhòng zhī yǐ xiū néng.
Hù jiāng lí yǔ pì zhǐ xī, rèn qiū lán yǐwéi pèi.
Gǔ yú ruò jiāng bùjí xī, kǒng nián suì zhī bù wú yǔ.
Cháo qiān pí zhī mùlán xī, xī lǎn zhōu zhī sù mǎng.
Rì yuè hū qí bù yān xī, chūn yǔ qiū qí dàixù.
Wéi cǎomù zhī língluò xī, kǒng měirén zhī chímù.
Bù fǔ zhuàng ér qì huì xī, hébù gǎi hū cǐ dù?
Chéng qí jì yǐ chíchěng xī, lái wú dàofū xiān lù!

Many famous Ci-Fu writers (辞赋家) in the Chu State, such as Song Yu (宋玉, 298 BC-222 BC), Tang Le (唐勒, 290 BC-223 BC) and Jingcha (景差, 290 BC-223 BC), were all influenced by Qu Yuan.

Qu Yuan main works include Li Sao 《离骚》, Nine Songs 《九歌》, Nine Chapters 《九章》, and Tian Wen 《天问》. The Songs of Chu 《楚辞》, with Qu Yuan's works as the main body, is one of the original, ancient, and authentic sources of Chinese romantic literature from the ancient China. No wonder, it had a profound impact on the poetry of later generations. The Songs of Chu became a bright pearl in the history of Chinese literature.

In 1953, on the occasion of the 2,230th anniversary of Qu Yuan's death, the World Peace Council (世界和平理事会), founded in Warsaw on November 22, 1950, passed a resolution identifying Qu Yuan (中国屈原) as one of the four major cultural celebrities in the world commemorated that year (other three being: Poland's Copernicus, 波兰哥白尼; France's Rabelais, 法国拉伯雷; and Cuba's Jose Marti, 古巴何塞·马蒂).

In order to commemorate Qu Yuan, China specially set up the Dragon Boat Festival (端午节).

What is the relationship between the Dragon Boat Festival and Qu Yuan?

For Chinese people, the Dragon Boat Festival is inseparable from Qu Yuan. It is believed that the birth of the Dragon Boat Festival was to commemorate Qu Yuan. Is this true?

Well, according to the legends, after Qu Yuan was exiled, he heard the news that the Qin army had conquered the capital of the Chu State, and he was deeply saddened. On the fifth day of the fifth lunar month, he threw himself into the Miluo River. When the people heard the news, they rowed boats to rescue him, but no body was found. The people grieved so much that they were rowing on the river and were reluctant to leave for a long time. Later, it slowly developed into a dragon boat race. People were afraid that the fish in the river would eat

Qu Yuan's body, so they went home and brought rice balls into the river, which later evolved into the custom of eating Zongzi (粽子) on the Dragon Boat Festival.

Historical documents clearly linking Qu Yuan and the Dragon Boat Festival first appeared in the Southern and Northern Dynasties (南北朝, 420 AD -589 AD). The scholars from this era recorded that the Dragon Boat Festival was to commemorate Qu Yuan. However, if we did history more carefully, we can also find from the historical texts that Qu Yuan's shadow already existed in the Dragon Boat Festival folk customs during the Eastern Han Dynasty (东汉, 25 AD-220 AD).

Whether it is the Eastern Han Dynasty or the Northern and Southern Dynasties, it has been a long time since Qu Yuan lived, so many modern historians have questioned the claim that the Dragon Boat Festival originated in commemoration of Qu Yuan.

Most of the traditional Chinese festivals are attached to some legends as "origins", which is a common phenomenon in all types of civilizations.

However, a careful inspection of Chinese history suggests that the generation of those stories and legends has been often much later than those festivals, and most of them are kneaded together by later generations. The case of Dragon Boat Festival and Qu Yuan is actually the same, because the Dragon Boat Festival appeared much earlier than Qu Yuan lived. The "dragon boat rowing" activity during the Dragon Boat Festival existed before Qu Yuan. We can also see this from Qu Yuan's own poems. For example, there is such a sentence in poem "Shering the River" 《涉江》:

"乘舲船余上沅兮，齐吴榜以击汰。

船容与而不进兮，淹回水而凝滞。

朝发枉渚兮，夕宿辰阳。"

"Chéng líng chuán yúshàngyuán xī, qí wú bǎng yǐ jī tài.

Chuán róng yǔ ér bù jìn xī, yān huí shuǐ ér níngzhì.

Zhāo fā wǎng zhǔ xī, xī sù chén yáng."

Here, the "boat" (舲船), narrow and light, was actually a kind of boat used for racing at that time.

Not to mention, "Zongzi" is also a fairly ancient food, which appeared in the Spring and Autumn Period, and the custom of eating Zongzi was born earlier than the time when Qu Yuan died.

QU YUAN'S LIFE EXPERIENCES (屈原身世)

1	屈原	Qūyuán	Qu Yuan; an eminent poet; the failed statesman whose suicide on the fifth day of the fifth month is commemorated annually by the Dragon Boat Festival (340 BC-278 BC or 343 BC-290 BC)
2	文学家	Wénxué jiā	Writer; man of letters; literati
3	一心	Yīxīn	Wholeheartedly; heart and soul
4	凭藉	Píngjiè	Rely on; depend on; resort to
5	聪颖	Cōngyǐng	Intelligent; bright; clever
6	天资	Tiānzī	Natural gift; talent
7	文学作品	Wénxué zuòpǐn	Literature; literary works
8	楚辞	Chǔ cí	The Songs of Chu
9	离骚	Lísāo	Lisao, one of the famous poems by Qu Yuan
10	诗经	Shījīng	The Book of Songs
11	称作	Chēng zuò	Call; name
12	风骚	Fēngsāo	Literary excellence
13	现代	Xiàndài	Modern times; the contemporary age
14	极大	Jí dà	Maximum
15	影响	Yǐngxiǎng	Influence; affect; effect

Chinese (中文)

屈原的一生算是挺悲惨的，作为一个伟大的文学家和思想家，他一心为老百姓为国家奉献，凭藉着他聪颖的天资，创作了很多值得收藏的文学作品。"楚辞"文体原创者就是屈原，他的主要作品有《离骚》《九歌》《九章》《天问》等。

《楚辞》中的"离骚"和《诗经》中的"国风"一道被称作"风骚"，对现代的文学创作有着极大的影响。

Pinyin (拼音)

Qūyuán de yīshēng suànshì tǐng bēicǎn de, zuòwéi yīgè wěidà de wénxué jiā hé sīxiǎngjiā, tā yīxīn wèi lǎobǎixìng wèi guójiā fèngxiàn, píngjièzhe tā cōngyǐng de tiānzī, chuàngzuòle hěnduō zhídé shōucáng de wénxué zuòpǐn. "Chǔ cí" wéntǐ yuánchuàng zhě jiùshì qūyuán, tā de zhǔyào zuòpǐn yǒu "lísāo" "jiǔ gē" "jiǔ zhāng" "tiān wèn" děng.

"Chǔ cí" zhōng de "lísāo" hé "shījīng" zhōng de "guó fēng" yīdào bèi chēng zuò "fēngsāo", duì xiàndài de wénxué chuàngzuò yǒuzhe jí dà de yǐngxiǎng.

QU YUAN'S POETIC STYLE (屈原诗体风格)

1	为何	Wèihé	Why; for what reason
2	有吸引力	Yǒu xīyǐn lì	Appeal to; attractive; magnetic
3	注重	Zhùzhòng	Lay stress on; lay emphasis on; pay attention to; emphasize
4	理想	Lǐxiǎng	Ideal
5	诗人	Shīrén	Poet
6	悲惨	Bēicǎn	Miserable; sad and shocking; pitiful; tragic
7	状况	Zhuàng kuàng	Condition; state; status; state of affairs
8	神话故事	Shénhuà gùshì	Myth; mythology; fairy tale
9	密切相关	Mìqiè xiāngguān	Be closely related; go hand in hand
10	虚实	Xūshí	False or true -- the actual situation; deficiency and excess
11	揭露	Jiēlù	Expose; unmask; ferret out; uncover
12	丑陋	Chǒulòu	Ugly
13	深思	Shēnsī	Think deeply about; ponder deeply over
14	掩饰	Yǎnshì	Cover up; gloss over; put a good face on; conceal
15	奔放	Bēnfàng	Bold and unrestrained; moving
16	处处	Chùchù	Everywhere; in all respects
17	不屈不挠	Bùqūbùnáo	Refuse to be cowed or submit; be unbending in struggle

18	至死不渝	Zhì sǐ bù yú	Will never change until death
19	完成了	Wánchéngle	Done; finished; completed
20	议论	Yìlùn	Comment; talk; discuss; speak at great length
21	国家大事	Guójiā dàshì	National/state affairs; affairs of state
22	宾客	Bīnkè	Guest; guests; visitors
23	出谋划策	Chūmóu huàcè	Give advice and suggestions; give advice to somebody
24	机智	Jīzhì	Quick-witted; resourceful
25	变法	Biànfǎ	Political reform
26	合情合理	Héqíng hélǐ	Be perfectly logical and reasonable

Chinese (中文)

屈原的诗为何如此有吸引力呢？屈原是个注重把现实和理想结合的诗人，从他的诗中，你可以看到悲惨的现实状况，但是很多诗又和神话故事密切相关。

正是这种虚实结合的手法，揭露了社会丑陋的一面和光明的一，引发了人们的深思；不加掩饰奔放的语言风格，处处体现着屈原爱国爱民，坚持真理的精神；他不屈不挠，至死不渝的精神给了我们深深的启发。

屈原在政治方面的成就也是非常伟大的。他协助怀王完成了很多事情，议论国家大事接待宾客等等。在与秦斗争中，他努力出谋划策；在外交上，他利用聪明机智的头脑，为楚国争取了很多利益；在起草变法中，他利用自己高境界的思想，把一切变得合情合理。

Pinyin (拼音)

Qūyuán de shī wèihé rúcǐ yǒu xīyǐn lì ne? Qūyuán shìgè zhùzhòng bǎ xiànshí hé lǐxiǎng jiéhé de shīrén, cóng tā de shī zhōng, nǐ kěyǐ kàn dào bēicǎn de xiànshí zhuàngkuàng, dànshì hěnduō shī yòu hé shénhuà gùshì mìqiè xiāngguān.

Zhèng shì zhè zhǒng xūshí jiéhé de shǒufǎ, jiēlùle shèhuì chǒulòu de yīmiàn hé guāngmíng de yī, yǐnfāle rénmen de shēnsī; bù jiā yǎnshì bēnfàng de yǔyán fēnggé, chùchù tǐxiànzhe qūyuán àiguó àimín, jiānchí zhēnlǐ de jīngshén; tā bùqūbùnáo, zhì sǐ bù yú de jīngshén gěile wǒmen shēn shēn de qǐfā.

Qūyuán zài zhèngzhì fāngmiàn de chéngjiù yěshì fēicháng wěidà de. Tā xiézhù huái wáng wánchéngle hěnduō shìqíng, yìlùn guójiā dàshì jiēdài bīnkè děng děng. Zài yǔ qín dòuzhēng zhōng, tā nǔlì chūmóuhuàcè; zài wàijiāo shàng, tā lìyòng cōngmíng jīzhì de tóunǎo, wèi chǔ guó zhēngqǔle hěnduō lìyì; zài qǐcǎo biànfǎ zhōng, tā lìyòng zìjǐ gāo jìngjiè de sīxiǎng, bǎ yīqiè biàn dé héqínghélǐ.

QU YUAN'S MASTERPIECES (屈原代表作)

1	说到	Shuō dào	Mention; speak of
2	代表作	Dàibiǎozuò	Representative work
3	男女老少	Nánnǚ lǎoshào	People of all ages and both sexes; all people
4	耳熟能详	Ěrshú néngxiáng	Very familiar with something for having heard it many times
5	自己的	Zìjǐ de	Self
6	情愫	Qíngsù	Sincerity; sincere feeling
7	远大	Yuǎndà	Long-range; broad; ambitious
8	阻拦	Zǔlán	Stop; prevent; tackle; obstruct
9	热爱	Rè'ài	Ardently love
10	夹杂	Jiázá	Be mixed up with; be mingled with
11	面对现实	Miàn duì xiànshí	Face reality; be realistic; come down to earth
12	世界观	Shìjiè guān	World outlook; world view
13	第一次	Dì yī cì	First; for the first time
14	内心	Nèixīn	Inward; heart; innermost being
15	毫无	Háo wú	Not in the least
16	波澜	Bōlán	Great waves; billows
17	仔细地	Zǐxì de	Carefully; closely; thoroughly
18	品味	Pǐnwèi	Taste; savor
19	内心独白	Nèixīn dúbái	Internal monologue; soliloquy
20	每一个	Měi yīgè	Every, each; per
21	字眼	Zìyǎn	Wording; diction
22	光辉	Guānghuī	Brilliance; flame; shine; halo
23	文笔	Wénbǐ	Style of writing

24	烘托	Hōngtuō	Add shading around an object to make it stand out
25	百感交集	Bǎigǎn jiāojí	Have mixed feelings
26	遭遇	Zāoyù	Meet with; encounter; run up against; experience
27	反复地	Fǎnfù dì	Back and forth; again and again; repeatedly
28	关怀	Guānhuái	Show loving care for; show solicitude for
29	充分地	Chōngfèn de	To full advantage
30	革新	Géxīn	Renovation; reform; reformation; innovation
31	风气	Fēngqì	General mood; atmosphere; common practice; fashion
32	后半	Hòu bàn	Latter half; second half
33	有意思	Yǒuyìsi	Significant; meaningful
34	游历	Yóulì	Travel for pleasure; travel; tour
35	另一个	Lìng yīgè	Another
36	说出	Shuō chū	Take the words out of somebody's mouth
37	无尽	Wújìn	Be endless; be infinite
38	共鸣	Gòngmíng	Resonance; resonate; consonance; sympathy
39	诗文	Shī wén	Poetic prose
40	绚烂	Xuànlàn	Splendid; gorgeous; luscious
41	后世	Hòushì	Later ages; later generations
42	深远	Shēnyuǎn	Profound and lasting; far-reaching
43	周围	Zhōuwéi	Around; about; round; on every side
44	什么意思	Shénme yìsi	What does it mean

45	离别	Líbié	Part; leave; bid farewell
46	忧愁	Yōuchóu	Sad; worried; depressed
47	体现	Tǐxiàn	Embody; reflect; give expression to
48	悲伤	Bēishāng	Sad; sorrowful

Chinese (中文)

说到屈原的代表作，大家肯定先想到的是《离骚》《天问》《九歌》。《离骚》一定是男女老少耳熟能详的一首诗。离骚是屈原根据自己的经历写的，充分体现了自己当时的内心活动和情愫。屈原当时抱有远大的理想，但是又不得不被现实阻拦住；对某样事物的热爱，夹杂着面对现实的痛苦，充分体现了屈原独特的世界观。我们第一次读这首诗的时候也许内心毫无波澜，甚至不明白他想表达什么。

但当你仔细地品味，你会发现这些都是屈原的内心独白。试中每一个字眼中都闪着他独特的个性光辉和内心色彩；优美的文笔烘托出了当时的气氛，让你感受到了屈原内心百感交集的状态。

屈原以自身的经历和遭遇为中心，诗的前半篇反复地强调了楚国对人民的关怀，充分地展现了屈原渴望政治革新，坚持理想，维护正义的风气；诗的后半篇很有意思，通过游历到另一个世界追求自己的梦想失败的经历，诉说出自己内心无尽的痛苦，让读者产生无限共鸣。诗文整体色彩绚烂，情感丰富，对后世产生了深远的影响。

现在周围的人很多把离骚二字挂在嘴边，然而他们甚至不知道离骚是什么意思。离骚，离别和忧愁，充分体现屈原内心的悲伤。

Pinyin (拼音)

Shuō dào qūyuán de dàibiǎozuò, dàjiā kěndìng xiān xiǎngdào de shì "lísāo" "tiān wèn" "jiǔ gē". "Lísāo" yīdìng shì nánnǚ lǎoshào ěrshúnéngxiáng de yī shǒu shī. Lísāo shì qūyuán gēnjù zìjǐ de jīnglì xiě de, chōngfèn tǐxiànle zìjǐ dāngshí de nèixīn huódòng hé qíngsù. Qūyuán dāngshí bào yǒu yuǎndà de lǐxiǎng, dànshì yòu bùdé bù bèi xiànshí zǔlán zhù; duì mǒu yàng shìwù de rè'ài, jiázázhe miàn duì xiànshí de tòngkǔ, chōngfèn tǐxiànle qūyuán dútè de shìjièguān. Wǒmen dì yī cì dú zhè shǒu shī de shíhòu yěxǔ nèixīn háo wú bōlán, shènzhì bù míngbái tā xiǎng biǎodá shénme.

Dàn dāng nǐ zǐxì de pǐnwèi, nǐ huì fāxiàn zhèxiē dōu shì qūyuán de nèixīn dúbái. Shì zhōng měi yīgè zìyǎn zhōng dōu shǎnzhe tā dútè de gèxìng guānghuī hé nèixīn sècǎi; yōuměi de wénbǐ hōngtuō chū liǎo dàng shí de qìfēn, ràng nǐ gǎnshòu dàole qūyuán nèixīn bǎigǎn jiāojí de zhuàngtài.

Qūyuán yǐ zìshēn de jīnglì hé zāoyù wéi zhōngxīn, shī de qiánbàn piān fǎnfù dì qiángdiàole chǔ guó duì rénmín de guānhuái, chōngfèn de zhǎnxiànle qūyuán kěwàng zhèngzhì géxīn, jiānchí lǐxiǎng, wéihù zhèngyì de fēngqì; shī de hòu bàn piān hěn yǒuyìsi, tōngguò yóulì dào lìng yīgè shìjiè zhuīqiú zìjǐ de mèngxiǎng shībài de jīnglì, sùshuō chū zìjǐ nèixīn wújìn de tòngkǔ, ràng dúzhě chǎnshēng wúxiàn gòngmíng. Shī wén zhěngtǐ sècǎi xuànlàn, qínggǎn fēngfù, duì hòushì chǎnshēngle shēnyuǎn de yǐngxiǎng.

Xiànzài zhōuwéi de rén hěnduō bǎ lísāo èr zì guà zài zuǐ biān, rán'ér tāmen shènzhì bù zhīdào lísāo shì shénme yìsi. Lísāo, líbié hé yōuchóu, chōngfèn tǐxiàn qūyuán nèixīn de bēishāng.

LISAO (离骚)

1	仔细	Zǐxì	Careful; attentive
2	感受	Gǎnshòu	Be affected by; experience; feel
3	牺牲	Xīshēng	Sacrifice; sacrifice oneself; die a martyr's death
4	艰苦	Jiānkǔ	Arduous; difficult; hard; tough
5	依旧	Yījiù	As before; still
6	邪恶	Xié'è	Evil; ill; wicked; vicious
7	势力	Shìlì	Force; influence
8	斗争	Dòuzhēng	Struggle; fight; combat
9	效力	Xiàolì	Render a service to; serve; effect
10	无能为力	Wúnéng wéilì	Incapable of action; can do nothing for somebody; cannot do anything to help; helpless
11	艰苦奋斗	Jiānkǔ fèndòu	Work hard; wage an arduous struggle
12	内心	Nèixīn	Inward; heart; innermost being
13	处处	Chùchù	Everywhere; in all respects
14	浓烈	Nóngliè	Strong; thick; heavy

Chinese (中文)

仔细品读《离骚》，你会感受到屈原为了国家做出的伟大牺牲，在如此艰苦的条件下依旧与邪恶势力作斗争。

他在追求自己的幸福生活的同时还不忘为国效力，虽无能为力，但是依旧坚持艰苦奋斗。仔细品读你会发现他内心的冲突和矛盾，整首诗处处带着浓烈的悲剧感，是一种悲剧美学。

Pinyin (拼音)

Zǐxì pǐndú "lísāo", nǐ huì gǎnshòu dào qūyuán wèile guójiā zuò chū de wěidà xīshēng, zài rúcǐ jiānkǔ de tiáojiàn xià yījiù yǔ xié'è shìlì zuò dòuzhēng.

Tā zài zhuīqiú zìjǐ de xìngfú shēnghuó de tóngshí hái bù wàng wèi guó xiàolì, suī wúnéngwéilì, dànshì yījiù jiānchí jiānkǔ fèndòu. Zǐxì pǐndú nǐ huì fāxiàn tā nèixīn de chōngtú hé máodùn, zhěng shǒu shī chùchù dàizhe nóngliè de bēijù gǎn, shì yī zhǒng bēijù měixué.

LI SAO INTERPRETATION (离骚解读)

1	诗文	Shī wén	Poetic prose
2	来自于	Láizì yú	Come or originate from
3	安危	Ānwéi	Safety; safety and danger
4	蛮横	Mánhèng	Rude and unreasonable; arbitrary; peremptory
5	催生	Cuīshēng	Hasten child delivery; expedite child delivery; hasten parturition
6	满腔	Mǎnqiāng	Have one's bosom filled with
7	情怀	Qínghuái	Feelings
8	含泪	Hán lèi	With tears in one's eyes
9	所在点	Suǒzài diǎn	Point of presence
10	大体	Dàtǐ	Cardinal principle; general interest; roughly; more or less
11	脉络	Màiluò	General name for arteries and veins; vein (of leaves, etc.); train (or thread) of thought
12	从小到大	Cóngxiǎo dào dà	Expand from small to big; develop gradually
13	努力学习	Nǔlì xuéxí	Study hard; work hard; work hard at
14	自己的	Zìjǐ de	Self
15	远大	Yuǎndà	Long-range; broad; ambitious
16	抱负	Bàofù	Aspiration; ambition; lofty aim
17	百般	Bǎibān	All sorts; every kind; by all means
18	挫折	Cuòzhé	Setback; reverse; frustration; frustrate
19	直到	Zhídào	Until

20	抗议	Kàngyì	Protest; object; remonstrate
21	心态	Xīntài	Mentality; psychology
22	心理活动	Xīnlǐ huódòng	Mental activity
23	经过	Jīngguò	Pass; go through; go by
24	波折	Bōzhé	Twists and turns; setback
25	浓烈	Nóngliè	Strong; thick; heavy
26	现实生活	Xiànshí shēnghuó	Real life, actual life
27	当中	Dāngzhōng	In the middle
28	黑暗	Hēi'àn	Dark; dim; midnight; reactionary
29	象征	Xiàngzhēng	Symbolize; signify; stand for; symbol
30	超凡脱俗	Chāofán tuōsú	Super mundane and refined
31	境界	Jìngjiè	Boundary; extent reached; plane attained; state
32	真理	Zhēnlǐ	Truth
33	平安	Píng'ān	Safe and sound; without mishap; well
34	决心	Juéxīn	Determination; resolution
35	审美	Shěnměi	Appreciation of the beauty
36	居然	Jūrán	Unexpectedly; to one's surprise
37	塑造	Sùzào	Model; mold
38	丑恶	Chǒu'è	Ugly; repulsive; hideous
39	封建	Fēngjiàn	Feudalism
40	依旧	Yījiù	As before; still
41	坚守	Jiānshǒu	Stick to; hold fast to; stand fast
42	节操	Jiécāo	High moral principle; moral integrity
43	高尚	Gāoshàng	Noble; lofty; respectable; nobility

44	脱俗	Tuōsú	Free from vulgarity; not be bound by conventions; refined
45	品行	Pǐnxíng	Conduct; behavior
46	一心	Yīxīn	Wholeheartedly; heart and soul
47	百折不挠	Bǎizhé bùnáo	Dauntless; keep on fighting in spite of all setbacks
48	四处	Sìchù	All around; in all directions; everywhere
49	奔波	Bēnbō	Rush about; be busy running about; be on the go
50	虐待	Nüèdài	Maltreat; ill-treat; tyrannize
51	待遇	Dàiyù	Treatment
52	坚决	Jiānjué	Firm; resolute; determined; resolved
53	同流合污	Tóngliú héwū	Associate oneself with undesirable elements; evil companions associate with evil
54	邪恶	Xié'è	Evil; ill; vicious
55	势力	Shìlì	Force; power; influence
56	自己的	Zìjǐ de	Self
57	什么样	Shénme yàng	What kind of?
58	思想感情	Sīxiǎng gǎnqíng	Feelings and understanding
59	奋斗终身	Fèndòu zhōngshēn	Work and fight all one's life
60	小人	Xiǎo rén	A base person; villain; vile character
61	诬蔑	Wúmiè	Slander; vilify; smear; calumniate
62	埋没	Máimò	Bury; cover up
63	沉闷	Chénmèn	Oppressive; depressing

64	越来越	Yuè lái yuè	More and more
65	奉献	Fèngxiàn	Offer as a tribute; present with all respects
66	壮志	Zhuàngzhì	Great aspiration; lofty ideal
67	怜悯	Liánmǐn	Pity; take pity on; have compassion for
68	志向	Zhìxiàng	Aspiration; ideal; ambition
69	不屈不挠	Bùqū bùnáo	Refuse to be cowed or submit
70	残酷无情	Cánkù wúqíng	Cruel and merciless
71	腐朽	Fǔxiǔ	Rotten; decayed; punk; decadent
72	狠狠地	Hěn hěn de	Brutally; cruelly; mercilessly; severely
73	君王	Jūnwáng	King; lord
74	贪污腐化	Tānwū fǔhuà	Corruption and degeneration; graft and corruption
75	贤能	Xiánnéng	Able and virtuous personage
76	结党营私	Jiédǎng yíngsī	Gang up for selfish interests
77	篇幅	Piānfú	The length of an article
78	贪污	Tānwū	Corruption; graft; embezzlement; embezzle
79	意味着	Yìwèizhe	Signify; mean; imply; purport
80	纠结	Jiūjié	Be entangled with; be intertwined with
81	进退两难	Jìntuì liǎngnán	Be caught in a dilemma; be difficult to proceed or draw back
82	隐退	Yǐn tuì	Retire from political life; resign
83	尘世	Chénshì	This world; this mortal life
84	离世	Líshì	Cut oneself off from the world

Chinese (中文)

诗文很好理解，脉络清晰。全诗的情感都来自于一个字"怨"。生活的不幸，国家的安危，邪恶势力的蛮横生长等等，这些因素都是"怨"的催生剂。怀着满腔的爱国情怀，含泪写下了这首诗，是屈原魅力的所在点。

诗的大体脉络就围绕两条线索：先开始是内心的矛盾，与现实作斗争。诗中描述了屈原从小到大的成长经历，少年时期努力学习，拥有了自己的远大理想和抱负；在追求理想的同时遇到了百般挫折，直到最后抱着死也要向现实抗议的心态。屈原的心理活动经过了百般波折，形成了有特色的浓烈的感情色彩。

诗中很多事物都是现实生活当中各种美好和黑暗的方面的象征，更加体现了屈原超凡脱俗的思想境界和追求真理寻求平安幸福生活的决心，有着非常强烈的审美色彩。《离骚》中居然想要塑造的形象是再丑恶的封建时代依旧坚守自我节操高尚的人士的形象。

他有着脱俗的理念，优秀的品行，一心为国家效力；为了实现理想百折不挠地四处奔波；自己惨遭虐待却不希望别人拥有自己相似的待遇；坚决坚守自我，不同流合污，与邪恶势力作斗争；誓死不渝的追求自己的梦想与喜欢的东西。 那么《离骚》这首诗具体想表达什么样的思想感情呢？不难看出这是屈原为了奋斗终身，抱着远大的理想写的。

他惨遭小人的诬蔑，被社会上的邪恶势力埋没，沉闷和矛盾的内心使他的信念越来越坚定；他努力为国奉献却壮志难酬；他身怀对国家人民的怜悯之心；他身怀志向却壮志难酬；勇于追求光明真理为了理想不屈不挠却被残酷无情的现实击败；同时揭露了楚军统治的楚国黑暗腐朽的一面，狠狠地抨击了君王贪污腐化、馋害贤能、结党营私、邪恶误国的罪行。

《离骚》利用很长的篇幅和丰富的内容，充分描述了屈原内心的壮志与统治者贪污的对立局面，也意味着理想与现实对立的事实；描述了屈原痛苦的内心，纠结和进退两难的局面，试图隐退尘世，脱离世俗。

Pinyin (拼音)

Shī wén hěn hǎo lǐjiě, màiluò qīngxī. Quán shī de qínggǎn dōu láizì yú yīgè zì "yuàn". Shēnghuó de bùxìng, guójiā de ānwéi, xié'è shìlì de mánhèng shēngzhǎng děng děng, zhèxiē yīnsù dōu shì "yuàn" de cuīshēng jì. Huáizhe mǎnqiāng de àiguó qínghuái, hán lèi xiě xiàle zhè shǒu shī, shì qūyuán mèilì de suǒzài diǎn.

Shī de dàtǐ màiluò jiù wéirào liǎng tiáo xiànsuǒ: Xiān kāishǐ shì nèixīn de máodùn, yǔ xiànshí zuò dòuzhēng. Shī zhōng miáoshùle qūyuán cóngxiǎo dào dà de chéngzhǎng jīnglì, shàonián shíqí nǔlì xuéxí, yǒngyǒule zìjǐ de yuǎndà lǐxiǎng hé bàofù; zài zhuīqiú lǐxiǎng de tóngshí yù dào liǎo bǎibān cuòzhé, zhídào zuìhòu bàozhe sǐ yě yào xiàng xiànshí kàngyì de xīntài. Qūyuán de xīnlǐ huódòng jīng guò liǎo bǎibān bōzhé, xíngchéngle yǒu tèsè de nóngliè de gǎnqíng sècǎi.

Shī zhōng hěnduō shìwù dōu shì xiànshí shēnghuó dāngzhōng gè zhǒng měihǎo hé hēi'àn de fāngmiàn de xiàngzhēng, gèngjiā tǐxiànle qūyuán chāofán tuōsú de sīxiǎng jìngjiè hé zhuīqiú zhēnlǐ xúnqiú píng'ān xìngfú shēnghuó de juéxīn, yǒuzhe fēicháng qiángliè de shěnměi sècǎi. "Lísāo" zhōng jūrán xiǎng yào sùzào de xíngxiàng shì zài chǒu'è de fēngjiàn shídài yījiù jiānshǒu zìwǒ jiécāo gāoshàng de rénshì dì xíngxiàng.

Tā yǒuzhe tuōsú de lǐniàn, yōuxiù de pǐnxíng, yīxīn wèi guójiā xiàolì; wèile shíxiàn lǐxiǎng bǎizhébùnáo de sìchù bēnbō; zìjǐ cǎnzāo nüèdài què bù xīwàng biérén yǒngyǒu zìjǐ xiāngsì de dàiyù; jiānjué jiānshǒu zìwǒ, bù tóngliúhéwū, yǔ xié'è shìlì zuò dòuzhēng; shìsǐ bù yú de zhuīqiú zìjǐ de mèngxiǎng yǔ xǐhuān de dōngxī. Nàme "lísāo" zhè shǒu shī jùtǐ xiǎng biǎodá shénme yàng de sīxiǎng gǎnqíng ne? Bù nánkàn chū zhè shì qūyuán wèile fèndòu zhōngshēn, bàozhe yuǎndà de lǐxiǎng xiě de.

Tā cǎnzāo xiǎo rén de wúmiè, bèi shèhuì shàng de xié'è shìlì máimò, chénmèn hé máodùn de nèixīn shǐ tā de xìnniàn yuè lái yuè jiāndìng; tā nǔlì wèi guó fèngxiàn què zhuàngzhì nán chóu; tā shēn huái duì guójiā rénmín de liánmǐn zhī xīn; tā shēn huái zhìxiàng què zhuàngzhì nán chóu; yǒngyú zhuīqiú guāngmíng zhēnlǐ wèile lǐxiǎng bùqūbùnáo què bèi cánkù wúqíng de xiànshí jíbài; tóngshí jiēlùle chǔ jūn tǒngzhì de chǔ guó hēi'àn fǔxiǔ de yīmiàn, hěn hěn de pēngjíle jūnwáng tānwū fǔhuà, chán hài xiánnéng, jiédǎngyíngsī, xié'è wù guó de zuìxíng.

"Lísāo" lìyòng hěn zhǎng de piānfú hé fēngfù de nèiróng, chōngfèn miáoshùle qūyuán nèixīn de zhuàngzhì yǔ tǒngzhì zhě tānwū de duìlì júmiàn, yě yìwèizhe lǐxiǎng yǔ xiànshí duìlì de shìshí; miáoshùle qūyuán tòngkǔ de nèixīn, jiūjié hé jìntuìliǎngnán de júmiàn, shìtú yǐn tuì chénshì, tuōlí shìsú.

ABOUT THE DRAGON BOAT FESTIVAL (关于端午节)

1	端午节	Duānwǔ jié	The Dragon Boat Festival
2	家家户户	Jiājiā hùhù	Each and every family; in every home
3	粽子	Zòngzi	Zongzi; traditional Chinese rice-pudding
4	各种各样	Gè zhǒng gè yàng	All kinds of; different; several; various
5	八宝	Bā bǎo	Eight treasures
6	蜜枣	Mìzǎo	Preserved date; honey date
7	豆沙	Dòushā	Sweetened bean paste; purée
8	不知道	Bù zhīdào	A stranger to; have no idea; I don't know; No
9	周朝	Zhōu cháo	Zhou Dynasty (1045 BC-221 BC)
10	战国	Zhànguó	Warring States
11	争夺霸权	Zhēngduó bàquán	Struggle for supremacy
12	超凡	Chāofán	Out of the ordinary; uncommon
13	思维方式	Sīwéi fāngshì	Mode of thinking
14	器重	Qìzhòng	Think highly of; regard highly
15	上官	Shàng guān	A surname
16	大夫	Dàfū	Doctor; physician; a senior official in feudal China
17	诋毁	Dǐhuǐ	Slander; defame
18	痛心	Tòngxīn	Pained; distressed; grieved
19	难以抑制	Nányǐ yìzhì	Hard to restrain; difficult to control; turbulent
20	悲愤	Bēifèn	Grief and indignation; lament

			and resent; sad and angered
21	诗篇	Shīpiān	Poem
22	公元前	Gōngyuán qián	BC (Before Christ); BCE (Before the Common Era)
23	攻占	Gōngzhàn	Attack and occupy; storm and capture
24	城池	Chéngchí	City wall and moat; city
25	议和	Yìhé	Negotiate peace; make peace
26	机智	Jīzhì	Quick-witted; resourceful
27	看破	Kànpò	See through
28	逐出	Zhú chū	Drive out; expel; eject; kick out
29	国门	Guómén	Gateway of a country; national border
30	赴会	Fù huì	Attend a meeting
31	悔恨交加	Huǐhèn jiāojiā	Mixed feelings of remorse and shame
32	客死	Kèsǐ	Die in a place other than one's hometown or in a foreign country
33	攻打	Gōngdǎ	Attack; assault; assail
34	继位	Jì wèi	Succeed to the throne; accede; accession to the throne
35	都城	Dūchéng	Capital (of a country); manor for a minister
36	攻破	Gōngpò	Breakthrough; make a breakthrough
37	噩耗	Èhào	Sad news of the death of one's beloved; grievous news
38	万念俱灰	Wànniàn jùhuī	All hopes are dashed to pieces; tired of earthly life
39	仰天	Yǎngtiān	Look up to heaven

40	激流	Jīliú	Rapid; torrent; turbulent current; tornado
41	竹筒子	Zhútǒng zi	Bamboo tube
42	米饭	Mǐfàn	Rice
43	竹筒	Zhútǒng	Bamboo tube
44	小船	Xiǎochuán	Boat
45	赛龙船	Sài lóngchuán	Dragon-boat regatta (on Poets' Day); dragon-boat racing
46	爱国	Àiguó	Love one's country; be patriotic
47	听完	Tīng wán	Hear out
48	是不是	Shì bùshì	Isn't it?; whether... or not

Chinese (中文)

相信大家都过端午节吧，端午节家家户户吃粽子，包粽子，各种各样的粽子，有火腿馅、蛋黄馅、绿豆馅、八宝馅、蜜枣馅、豆沙馅等等，甜口的咸口的，相信大家都各有所爱。那么你们知不知道端午节的由来呢？每年农历五月初五，是我国传统的端午节。早在周朝，就有"五月五日，蓄兰而沐"的习俗。

但今天端午节的众多活动都与纪念我国伟大的诗人屈原有关。战国时代，泰楚争夺霸权，诗人屈原由于有着超凡的思维方式和格局，因此很受楚王器重。然而屈原的主张却遭到上官大夫的反对，不断在楚怀王面前诋毁屈原。楚怀王渐渐疏远了屈原。有着远大抱负的屈原倍感痛心，他怀着难以抑制的悲愤，写出了《离骚》等不朽诗篇。公元前229年，秦国攻占了楚国八座城池，接着又派使臣请楚怀王去秦国议和。

聪明机智的屈原看破了秦王的阴谋，冒死进宫陈述利害。楚怀王不但不听，反而将屈原逐出国门。楚怀王按时间赴会，但一到秦国就被囚禁起来。楚怀王悔恨交加，忧郁成疾，三年后客死在秦国。不久，秦王又派兵攻打楚国，继位的楚王仓惶逃离，秦兵攻占了都城。屈原在流放途中，接连听到楚怀王客死和都城被攻破的噩耗，万念俱灰，仰天长吸一声，投入了滚滚激流的汨罗江。渔民很悲伤，他们对着江面祭祀了一会儿，怕江里的鱼儿们吃掉屈原的尸体，就把竹筒子里的米饭撒在水里。

到后来，一年又一年，人们把盛着米饭的竹筒改成了粽子，划小船改为了赛龙船。在每年五月初五端午节，纪念伟大的爱国诗人屈原。听完是不是非常感动呢？以后吃粽子的时候会不会第一反应就是屈原呢？

Pinyin (拼音)

Xiāngxìn dàjiā dōuguò duānwǔ jié ba, duānwǔ jié jiājiāhùhù chī zòngzi, bāo zòngzi, gè zhǒng gè yàng de zòngzi, yǒu huǒtuǐ xiàn, dànhuáng xiàn, lǜdòu xiàn, bā bǎo xiàn, mìzǎo xiàn, dòushā xiàn děng děng, tián kǒu de xián kǒu de, xiāngxìn dàjiā dōu gè yǒu suǒ ài. Nàme nǐmen zhī bù zhīdào duānwǔ jié de yóulái ne? Měinián nónglì wǔ yuèchū wǔ, shì wǒguó chuántǒng de duānwǔ jié. Zǎo zài zhōu cháo, jiù yǒu "wǔ yuè wǔ rì, xù lán ér mù" de xísú.

Dàn jīntiān duānwǔ jié de zhòngduō huódòng dōu yǔ jìniàn wǒguó wěidà de shīrén qūyuán yǒuguān. Zhànguó shídài, tài chǔ zhēngduó bàquán, shīrén qūyuán yóuyú yǒuzhe chāofán de sīwéi fāngshì hé géjú, yīncǐ hěn shòu chǔ wáng qìzhòng. Rán'ér qūyuán de zhǔzhāng què zāo dào shàngguān dàfū de fǎnduì, bùduàn zài chǔ huái wáng miànqián dǐhuǐ qūyuán. Chǔ huái wáng jiànjiàn shūyuǎnle qūyuán. Yǒuzhe yuǎndà bàofù de qūyuán bèi gǎn tòngxīn, tā huáizhe nányǐ yìzhì de bēifèn, xiě chūle "lí qiáng" děng bùxiǔ shīpiān. Gōngyuán qián 229 nián, qín guó gōngzhànle chǔ guó bā zuò chéngchí, jiēzhe yòu pài shǐ chén qǐng chǔ huái wáng qù qín guó yìhé.

Cōngmíng jīzhì de qūyuán kànpòle qínwáng de yīnmóu, mào sǐ jìn gōng chénshù lìhài. Chǔ huái wáng bùdàn bù tīng, fǎn'ér jiāng qūyuán zhú chū guómén. Chǔ huái wáng àn shíjiān fù huì, dàn yī dào tàiguó jiù bèi qiújìn qǐlái. Chǔ huái wáng huǐhèn jiāojiā, yōuyù chéng jí, sān nián hòu kèsǐ zài tàiguó. Bùjiǔ, tài wáng yòu pàibīng gōngdǎ chǔ guó, jì wèi de chǔ wáng cāng huáng táolí, tài bīng gōngzhànle dūchéng. Qūyuán zài liúfàng túzhōng, jiēlián tīng dào chǔ huái wáng kèsǐ hé dūchéng bèi gōngpò dì èhào, wànniànjùhuī, yǎngtiān cháng xī yīshēng, tóurùle gǔngǔn jīliú de gǔ luōjiāng. Yúmín hěn bēishāng, tāmen duìzhe jiāngmiàn jìsìle yīhuǐ'er, pà jiānglǐ de yú ermen chī diào qūyuán de shītǐ, jiù bǎ zhútǒng zi lǐ de mǐfàn sā zài shuǐ lǐ.

Dào hòulái, yī nián yòu yī nián, rénmen bǎ shèngzhe mǐfàn de zhútǒng gǎi chéngle zòngzi, huà xiǎochuán gǎi wèile sài lóngchuán. Zài měinián wǔ yuèchū wǔ duānwǔ jié, jìniàn wěidà de àiguó shīrén qūyuán. Tīng wán shì bùshì fēicháng gǎndòng ne? Yǐhòu chī zòngzi de shíhòu huì bù huì dì yī fǎnyìng jiùshì qūyuán ne?

DRAGON BOAT FESTIVAL AND QU YUAN (端午节与屈原)

1	我觉得	Wǒ juédé	I feel; I think; in my opinion
2	有必要	Yǒu bìyào	Oblige; be necessary
3	农历	Nónglì	The traditional Chinese calendar; the lunar calendar
4	涉及到	Shèjí dào	Touch; involve; when it comes to; touch on; be involved in
5	神灵	Shénlíng	Gods; deities; divinities
6	忠诚	Zhōng chéng	Loyal; faithful; staunch; fidelity
7	中国文化	Zhōngguó wénhuà	Chinese Culture; Culture China; China culture
8	最重要	Zuì zhòngyào	Most important; the most important; principal
9	主要内容	Zhǔyào nèiróng	Main Content; Main Contents; main
10	全世界	Quán shìjiè	The whole world; the whole creation
11	竞逐	Jìng zhú	Competition; compete for; vie for
12	木船	Mùchuán	Wooden boat
13	广东话	Guǎngdōng huà	Cantonese speech/language
14	佛罗里达州	Fóluólǐdá zhōu	Florida; FL; State of Florida; Palm Beach, Fla.
15	埃克德	Āi kè dé	Aked; Ekder (name)
16	人文学科	Rénwén xuékē	Humanities
17	安德鲁	Āndélǔ	Andrew
18	奇蒂克	Qí dì kè	Chittick; Chitik (name)

19	被认为	Bèi rènwéi	Pass for; go for; be supposed to
20	不忠	Bù zhōng	Disloyalty
21	流放	Liúfàng	Banish; send into exile; exile; float downstream
22	就这样	Jiù zhèyàng	That's it; That's all; in this way
23	齐国	Qí guó	Ancient state of Qi in what is now Shandong
24	结成	Jié chéng	Form; enter into
25	买账	Mǎizhàng	Acknowledge the superiority or seniority of; show respect for
26	荒野	Huāngyě	Wilderness; the wilds; bush
27	不幸的是	Bùxìng de shì	Unfortunately; sad to say
28	俘虏	Fúlǔ	Capture; take prisoner
29	囚禁	Qiújìn	Imprison; put in jail; put in prison; keep in captivity
30	皇帝	Huángdì	Emperor
31	他们的	Tāmen de	Their; theirs
32	不幸	Bùxìng	Misfortune; adversity
33	湖南省	Húnán shěng	Hunan; Hunan province
34	汨罗	Mìluō	The Miluo River
35	溺水	Nìshuǐ	Drowning
36	讲述	Jiǎngshù	Tell about; give an account of; narrate; recount
37	第一个	Dì yīgè	First; the first
38	水鬼	Shuǐ guǐ	Frogman; water goblin
39	看作	Kàn zuò	Look upon as; regard as
40	幽灵	Yōulíng	Ghost; specter; spirit
41	安抚	Ānfǔ	Placate; pacify
42	鬼魂	Guǐhún	Ghost; apparition; spirit
43	多年来	Duōnián lái	Over the years; for years
44	投掷	Tóuzhí	Throw; hurl; cast; shy

45	水龙	Shuǐlóng	Fire hose; hose
46	马丁	Mǎdīng	Martin
47	电视节目	Diànshì jiémù	Telecast
48	可能是	Kěnéng shì	Maybe; Might be; probable
49	淡水鱼	Dànshuǐ yú	Freshwater fish
50	中国人	Zhōngguó rén	Chinese
51	大米	Dàmǐ	Rice
52	塞进	Sāi jìn	Stuff in
53	竹子	Zhúzi	Bamboo
54	追溯到	Zhuīsù dào	Trace back to
55	救命	Jiùmìng	Save somebody's life
56	恩人	Ēnrén	Benefactor
57	饭团	Fàntuán	Rice ball
58	弄清楚	Nòng qīngchǔ	Clarify; make clear; figure out; sort out
59	进一步	Jìnyībù	Go a step further; further; make further efforts
60	现代	Xiàndài	Modern times; the contemporary age
61	境内	Jìngnèi	Domestic; within a country's borders; resident
62	形象	Xíngxiàng	Image; form; figure; vivid
63	神话	Shénhuà	Mythology; myth; fairy tale
64	生物	Shēngwù	Living things; living beings; organisms; bios
65	之一	Zhī yī	One of
66	神力	Shénlì	Superhuman strength; extraordinary power
67	皇权	Huángquán	Imperial power or authority
68	中国社会科学院	Zhōngguó shèhuì kē	Chinese Academy of Social Sciences

		xuéyuàn	
69	研究所	Yánjiū suǒ	Research institute
70	民俗学	Mínsú xué	Folklore
71	手册	Shǒucè	Handbook; manual
72	雨水	Yǔshuǐ	Rainwater; rainfall; rain; Rain Water
73	赛龙舟	Sài lóngzhōu	Hold a dragon-boat race
74	公元	Gōngyuán	The Christian era
75	龙舟	Lóngzhōu	Dragon boat
76	几百	Jǐ bǎi	Several hundred; hundreds of; Several hundred; a few hundred
77	夏至	Xiàzhì	June solstice; the Summer Solstice;
78	插秧	Chāyāng	Transplant rice seedlings; rice transplanting
79	不吉利	Bù jílì	Inauspicious; unlucky; ominous
80	博士学位	Bóshì xuéwèi	Doctorate; PhD
81	杰西卡	Jié xī kǎ	Jessica
82	南方人	Nánfāng rén	Southerner
83	不谋而合	Bù móu ér hé	Agree without prior consultation; be a mere coincidence
84	类似于	Lèisì yú	Resemble; be analogue to
85	在古代	Zài gǔdài	In ancient times; in the old days
86	另一种	Lìng yī zhǒng	Another kind; alternative; yet another
87	军事演习	Jūnshì yǎnxí	Military exercise; drill
88	那时候	Nà shíhòu	At that time; in those days; at the time
89	随着时间的推移	Suízhe shíjiān de tuīyí	As time goes on; as time goes by; over time
90	包罗万象	Bāoluó	Cover and contain everything;

		wànxiàng	all-embracing; all-inclusive
91	没有问题	Méiyǒu wèntí	No problem; no question; out of question
92	两者都	Liǎng zhě dōu	Both; both…and; both of
93	一个人	Yīgè rén	One
94	领主	Lǐngzhǔ	Feudal lord; suzerain
95	冤枉	Yuānwǎng	Wrong; treat unjustly
96	赶出去	Gǎn chūqù	Drive out
97	意外地	Yìwài dì	Accidentally; by chance
98	另一个	Lìng yī gè	Another
99	福建	Fújiàn	Fujian
100	投靠	Tóukào	Go and seek refuge with somebody; go and live as a dependent
101	复仇	Fùchóu	Revenge; avenge; vengeance
102	鞭打	Biāndǎ	Whip; lash; flog; thrash
103	头颅	Tóulú	Head; skull
104	城门	Chéng mén	Gate
105	入侵者	Rùqīn zhě	Intruder; invader
106	背叛者	Bèipàn zhě	Defector; turncoat; Betrayal
107	汹涌	Xiōngyǒng	Tempestuous; turbulent; surge; rage
108	潮水	Cháoshuǐ	Tidewater; tide water; tidal water
109	被当作	Bèi dàng zuò	Be regarded as; be used as; pass for
110	河神	Hé shén	River god
111	在一起	Zài yīqǐ	Be together; hold together
112	代言人	Dàiyánrén	Spokesman; mouthpiece
113	多产	Duō chǎn	Prolific; productive; multiparous
114	论辩	Lùnbiàn	Debate

115	原因是	Yuányīn shì	On the score of
116	一遍又一遍	Yībiàn yòu yībiàn	Over and over
117	表现出	Biǎoxiàn chū	Show; represent; act out
118	统治阶级	Tǒngzhì jiējí	Ruling class
119	被称为	Bèi chēng wèi	Known as; be known as; be called
120	自我牺牲	Zìwǒ xīshēng	Sacrifice oneself
121	爱国主义	Àiguó zhǔyì	Patriotism

Chinese (中文)

关于屈原和端午节，我觉得有必要从国际的角度展开仔细介绍一下。关于端午节，有许多相互竞争的解释，端午节是在中国农历五月的第五天，今年是 5 月 28 日。所有这些都涉及到龙、神灵、忠诚、荣誉和食物的某种组合--中国文化中最重要的一些传统。这个节日的主要内容--现在在全世界都很流行--是竞逐装饰有龙的狭长木船和吃用竹叶包裹的糯米球，普通话叫粽子，广东话叫贡。佛罗里达州埃克德学院的东亚人文学科教授安德鲁-奇蒂克说："通常，中国的节日是以一些伟大的美德典范的痛苦死亡来解释。"

屈原是中国古代战国时期楚国宫廷的一名顾问，因被认为不忠而被皇帝流放，故事就这样发生了。屈原曾提议与齐国结成战略联盟，以抵御秦国的威胁，但皇帝并不买账，将屈原打发到了荒野。不幸的是，屈原对秦国带来的威胁的判断是正确的，秦国很快就俘虏并囚禁了楚国的皇帝。下一任楚王将国家交给了他们的对手。听到这个不幸的消息后，屈原于公元前 278 年在湖南省的汨罗江中溺水身亡。

在汉代早期讲述的第一个粽子起源故事中，屈原死后变成了水鬼。"你可以把它看作是一个幽灵，一种必须被安抚的精神能量。有多种方法可以安抚鬼魂，但最好和最持久的是给它食物。"奇蒂克解释说。 屈原死后多年来，他的支持者在水中投掷大米来喂养他的灵魂，但据说这些食物总是被水龙拦截。厨师长马丁，作家和开创性的烟厨师电视节目的主持人，认为这可能是事实。"一些淡水鱼--如鲶鱼--长得如此巨大，以至于中国人认为它们是龙"）。

在经历了几个世纪的挫折后，屈原回来告诉人们用叶子包住大米，或把它塞进竹子的茎里，这样龙就吃不到了。直到几代人之后，人们才开始追溯到屈原的救命恩人，认为是他开创了掷饭团的传统。为了弄清楚水龙是如何进入这个故事的，或者说弄清楚那些刻有龙的船，我们需要进一步追溯到6000多年前，这是现代中国境内发现的最早的龙的形象。

"龙是中国神话中最重要的神话生物之一，是雨、河、海和其他各种水的控制者；是神力和能量的象征……在帝国时代，它被认定为皇权的象征，"北京中国社会科学院文学研究所民俗学教授、《中国神话手册》作者之一安德明博士写道。

"在人们的想象中，龙通常生活在水中，是雨水的控制者。" 赛龙舟被认为是公元5或6世纪开始的屈原有组织的庆祝活动。但学者们说，龙舟最早是在几百年前使用的，也许有各种原因。在农历上，五月是夏至，是水稻插秧的关键时期。同时，安说，"根据中国的传统信仰，以双'5'计算的日期是非常不吉利的"。

拥有印第安纳大学民俗学博士学位的《中国神话手册》作者杰西卡-安德森-特纳说，为了确保丰收，中国南方人会请龙来照看他们的庄稼。他们会用华丽的龙雕来装饰他们的船，"而划船则象征着把水稻种回水里,"安德森-特纳解释说。这与严复对粽子形状背后的象征意义的解释不谋而合:四面体。"这些点是为了类似于牛的角,"燕说,"在古代农业文化中,牛是一个神圣的象征,象征着祝福和丰收。"

在另一种解释中,奇蒂克认为,龙舟赛"最初是一种军事演习",在湖北地区,即楚国的故乡,在至日期间举行,因为那时候河水最高。"这些不同的历史和故事随着时间的推移融合成了包罗万象的屈原神话,对庆祝者来说似乎没有问题。"安德森-特纳说:"故事的结合是人们理解事物的方式。"神话总是在变化以适应社区的需要。

对很多人来说,你可以同时拥有历史和文化;两者都可以是真实的,真实的。"甚至屈原的故事也不是庆祝端午节的唯一传说。奇蒂克解释说,一些北方的中国人讲述了这样一个故事:一个人在被他的领主冤枉后逃到了树林里。主人想把这个人赶出去,却烧毁了森林,意外地杀死了这个忠诚的仆人。

另一个相互竞争的神话来自现在的南部省份福建,是伍子胥的故事,他也被他的国王--后来被他投靠的国王--冤枉。伍子胥的故事涉及复仇、胜利的战斗、鞭打他的老对手的尸体和自杀。作为最后的行动,他要求在死后将他的头颅取下,放在城门上,这样他就可以看到入侵者接管他的背叛者。

伍子胥的尸体被扔进了河里,据说他的愤怒造成了汹涌的潮水,因此他在中国部分地区被当作河神来崇拜--这就是为什么有人把他与端午节联系在一起。 但屈原成为了端午节的代言人,因为他是一位多产的论辩诗人,他的作品被跟随他的几代中国学者研究和喜爱。

"安德森-特纳说:"屈原赢得溺水战争的一个原因是,他的故事被写进了历史文本--一遍又一遍。他既表现出对祖国的热爱,又蔑视不仁慈的统治阶级，被称为人民诗人。对中国人来说，屈原已经超越了他自我牺牲的简单故事，成为爱国主义的代表人物。

Pinyin (拼音)

Guānyú qūyuán hé duānwǔ jié, wǒ juédé yǒu bìyào cóng guójì de jiǎodù zhǎnkāi zǐxì jièshào yīxià. Guānyú duānwǔ jié, yǒu xǔduō xiānghù jìngzhēng de jiěshì, duānwǔ jié shì zài zhōngguó nónglì wǔ yuè de dì wǔ tiān, jīnnián shì 5 yuè 28 rì. Suǒyǒu zhèxiē dōu shèjí dào lóng, shénlíng, zhōngchéng, róngyù hé shíwù de mǒu zhǒng zǔhé--zhōngguó wénhuà zhōng zuì zhòngyào de yīxiē chuántǒng. Zhège jiérì de zhǔyào nèiróng--xiànzài zài quán shìjiè dōu hěn liúxíng--shìjìng zhú zhuāngshì yǒu lóng de xiácháng mùchuán hé chī yòng zhú yè bāoguǒ de nuòmǐ qiú, pǔtōnghuà jiào zòngzi, guǎngdōng huà jiào gòng. Fóluólǐdá zhōu āi kè dé xuéyuàn de dōng yǎ rénwénxuékē jiàoshòu āndélǔ-qí dì kè shuō:"Tōngcháng, zhōngguó de jiérì shì yǐ yīxiē wěidà dì měidé diǎnfàn de tòngkǔ sǐwáng lái jiěshì."

Qūyuán shì zhōngguó gǔdài zhànguó shíqí chǔ guó gōngtíng de yī míng gùwèn, yīn bèi rènwéi bù zhōng ér bèi huángdì liúfàng, gùshì jiù zhèyàng fāshēngle. Qūyuán céng tíyì yǔ qí guó jié chéng zhànlüè liánméng, yǐ dǐyù qín guó de wēixié, dàn huángdì bìng bú mǎizhàng, jiāng qūyuán dǎfā dàole huāngyě. Bùxìng de shì, qūyuán duì qín guó dài lái de wēixié de pànduàn shì zhèngquè de, qín guó hěn kuài jiù fúlǔ bìng qiújìnle chǔ guó de huángdì. Xià yīrèn chǔ wángjiāng guójiā jiāo gěile tāmen de duìshǒu. Tīng dào zhège bùxìng de xiāoxī hòu, qūyuán yú gōngyuán qián 278 nián zài húnán shěng de mìluō jiāng zhōng nìshuǐ shēnwáng.

Zài hàndài zǎoqí jiǎngshù de dì yīgè zòngzi qǐyuán gùshì zhōng, qūyuán sǐ hòu biàn chéngle shuǐ guǐ."Nǐ kěyǐ bǎ tā kàn zuò shì yīgè yōulíng, yī zhǒng bìxū bèi ānfǔ de jīngshén néngliàng. Yǒu duō zhǒng fāngfǎ kěyǐ ānfǔ guǐhún, dàn zuì hǎo hé zuì chíjiǔ de shì gěi tā shíwù." Qí dì kè jiěshì shuō. Qūyuán sǐ hòu duōnián lái, tā de zhīchí zhě zài shuǐzhōng tóuzhí dàmǐ lái wèiyǎng tā de línghún, dàn jùshuō zhèxiē shíwù zǒng shì bèi shuǐlóng lánjié. Chúshī zhǎng mǎdīng, zuòjiā hé kāichuàng xìng de yān chúshī diànshì jiémù dì zhǔchí rén, rènwéi zhè kěnéng shì shìshí."Yīxiē dànshuǐ yú--rú niányú--zhǎng dé rúcǐ jùdà, yǐ zhìyú zhōngguó rén rènwéi tāmen shì lóng").

Zài jīnglìle jǐ gè shìjì de cuòzhé hòu, qūyuán huílái gàosù rénmen yòng yèzi bāo zhù dàmǐ, huò bǎ tā sāi jìn zhúzi de jīng lǐ, zhèyàng lóng jiù chī bù dàole. Zhídào jǐ dài rén zhīhòu, rénmen cái kāishǐ zhuīsù dào qūyuán de jiùmìng ēnrén, rènwéi shì tā kāichuàngle zhì fàntuán de chuántǒng. Wèile nòng qīngchǔ shuǐlóng shì rúhé jìnrù zhège gùshì de, huòzhě shuō nòng qīngchǔ nàxiē kè yǒu lóng de chuán, wǒmen xūyào jìnyībù zhuīsù dào 6000 duōnián qián, zhè shì xiàndài zhōngguó jìngnèi fāxiàn de zuìzǎo de lóng de xíngxiàng.

"Lóng shì zhōngguó shénhuà zhōng zuì zhòngyào de shénhuà shēngwù zhī yī, shì yǔ, hé, huǎ hé qítā gè zhǒng shuǐ de kòngzhì zhě; shì shénlì hé néngliàng de xiàngzhēng••••••zài dìguó shídài, tā bèi rèndìng wèi huángquán de xiàngzhēng,"běijīng zhōngguó shèhuì kēxuéyuàn wén xué yánjiū suǒ mínsú xué jiàoshòu,"zhōngguó shénhuà shǒucè" zuòzhě zhī yī ān dé míng bóshì xiě dào.

"Zài rénmen de xiǎngxiàng zhōng, lóng tōngcháng shēnghuó zài shuǐzhōng, shì yǔshuǐ de kòngzhì zhě." Sài lóngzhōu bèi rènwéi shì gōngyuán 5 huò 6 shì jì kāishǐ de qūyuán yǒu zǔzhī de qìngzhù huódòng. Dàn xuézhěmen shuō, lóngzhōu zuìzǎo shì zài jǐ bǎi nián qián shǐyòng de, yěxǔ yǒu gè zhǒng yuányīn. Zài nónglì shàng, wǔ yuè shì xiàzhì, shì shuǐdào chāyāng de guānjiàn shíqí. Tóngshí, ān shuō,"gēnjù zhōngguó de chuántǒng xìnyǎng, yī shuāng'5'jìsuàn de rìqí shì fēicháng bù jílì de".

Yǒngyǒu yìndì'ānnà dàxué mínsú xué bóshì xuéwèi de "zhōngguó shénhuà shǒucè" zuòzhě jié xī kǎ-āndésēn-tè nà shuō, wèile quèbǎo fēngshōu, zhōngguó nánfāng rén huì qǐng lóng lái zhàokàn tāmen de zhuāngjià. Tāmen huì yòng huálì de lóng diāo lái zhuāngshì tāmen de chuán,"ér huáchuán zé xiàngzhēngzhe bǎ shuǐdào zhǒng huí shuǐ lǐ,"āndésēn-tè nà jiěshì shuō. Zhè yǔ yánfù duì zòng zǐ xíngzhuàng bèihòu de xiàngzhēng yìyì de jiěshì bù móu ér hé: Sìmiàn tǐ."Zhèxiē diǎn shì wèile lèisì yú niú de jiǎo,"yān shuō,"zài gǔdài nóngyè wénhuà zhōng, niú shì yīgè shénshèng de xiàngzhēng, xiàngzhēngzhe zhùfú hé fēngshōu."

Zài lìng yī zhǒng jiěshì zhōng, qí dì kè rènwéi, lóngzhōu sài"zuìchū shì yī zhǒng jūnshì yǎnxí", zài húběi dìqū, jí chǔ guó de gùxiāng, zài zhì rì qíjiān jǔxíng, yīnwèi nà shíhòu héshuǐ zuìgāo."Zhèxiē bùtóng de lìshǐ hé gùshì suízhe shíjiān de tuīyí rónghé chéngle bāoluówànxiàng de qūyuán shénhuà, duì qìngzhù zhě lái shuō sìhū méiyǒu wèntí."Āndésēn-tè nà shuō:"Gùshì de jiéhé shì rénmen lǐjiěshìwù de fāngshì."Shénhuà zǒng shì zài biànhuà yǐ shìyìng shèqū de xūyào.

Duì hěnduō rén lái shuō, nǐ kěyǐ tóngshí yǒngyǒu lìshǐ hé wénhuà; liǎng zhě dōu kěyǐ shì zhēnshí de, zhēnshí de."Shènzhì qūyuán de gùshì yě bùshì qìngzhù duānwǔ jié de wéiyī chuánshuō. Qí dì kè jiě shì shuō, yīxiē běifāng de zhōngguó rén jiǎngshùle zhèyàng yīgè gùshì: Yīgè rén zài bèi tā de lǐngzhǔ yuānwǎng hòu táo dàole shùlín lǐ. Zhǔrén xiǎng bǎ zhège rén gǎn chūqù, què shāohuǐle sēnlín, yìwài dì shā sǐle zhège zhōngchéng de púrén.

Lìng yīgè xiānghù jìngzhēng de shénhuà láizì xiànzài de nánbù shěngfèn fújiàn, shì wǔzixū de gùshì, tā yě bèi tā de guówáng--hòulái bèi tā tóukào de guówáng--yuānwǎng. Wǔzixū de gùshì shèjí fùchóu, shènglì de zhàndòu, biāndǎ tā de lǎo duìshǒu de shītǐ hé zìshā. Zuòwéi zuìhòu de xíngdòng, tā yāoqiú zài sǐ hòu jiāng tā de tóulú qǔ xià, fàng zài chéng mén shàng, zhèyàng tā jiù kěyǐ kàn dào rùqīn zhě jiēguǎn tā de bèipàn zhě.

Wǔzixū de shītǐ bèi rēng jìnle hé lǐ, jùshuō tā de fènnù zàochéngle xiōngyǒng de cháoshuǐ, yīncǐ tā zài zhōngguó bùfèn dìqū bèi dàng zuò hé shén lái chóngbài--zhè jiùshì wèishéme yǒurén bǎ tā yǔ duānwǔ jié liánxì zài yīqǐ. Dàn qūyuán chéngwéile duānwǔ jié de dàiyánrén, yīnwèi tā shì yī wèi duō chǎn dì lùnbiàn shīrén, tā de zuòpǐn bèi gēnsuí tā de jǐ dài zhōngguó xuézhě yánjiū hé xǐ'ài.

"Āndésēn-tè nà shuō:"Qūyuán yíngdé nìshuǐ zhànzhēng de yī gè yuányīn shì, tā de gùshì bèi xiě jìnle lìshǐ wénběn--yībiàn yòu yībiàn. Tā jì biǎoxiàn chū duì zǔguó de rè'ài, yòu mièshì bù réncí de tǒngzhì jiējí, bèi chēng wéi rénmín shīrén. Duì zhōngguó rén lái shuō, qūyuán yǐjīng chāoyuèle tā zìwǒ xīshēng de jiǎndān gùshì, chéngwéi àiguó zhǔyì de dàibiǎo rénwù.

MORE INFORMATION ABOUT QU YUAN (更多屈原的信息)

1	龙舟	Lóngzhōu	Dragon boat
2	节日	Jiérì	Festival; red-letter day
3	水路	Shuǐlù	Waterway; water route
4	船只	Chuánzhī	Shipping; vessels
5	划桨者	Huà jiǎng zhě	Paddler
6	响亮	Xiǎngliàng	Loud and clear; resounding; resonant; sonorous
7	鼓手	Gǔshǒu	Drummer
8	鼓动	Gǔdòng	Promote; tickle; actuate; agitate
9	错过	Cuòguò	Miss; let slip
10	联合会	Liánhé huì	Federation; association; union
11	全世界	Quán shìjiè	The whole world; the whole creation
12	划船	Huáchuán	Row; paddle a boat; go boating
13	在比赛	Zài bǐsài	In the game
14	布拉格	Bùlāgé	Prague
15	世界锦标赛	Shìjiè jǐnbiāosài	World championship
16	一部分	Yībùfèn	A part; a portion; partial; partially
17	中国人	Zhōngguó rén	Chinese
18	糯米	Nuòmǐ	Polished glutinous rice
19	唐人街	Tángrénjiē	Chinatown
20	一年四季	Yī nián sìjì	At all seasons; all the year round
21	茶馆	Cháguǎn	Teahouse
22	柬埔寨	Jiǎnpǔzhài	Cambodia
23	随身	Suíshēn	Carry ... with one; with one
24	小吃	Xiǎochī	Snack; refreshments; cold dish; made

			dish
25	马来西亚	Mǎláixīyà	Malaysia
26	消解	Xiāojiě	Clear up; dispel
27	在过去	Zài guòqù	In the past; in the old days; was
28	自生自灭	Zìshēng zì miè	Emerge of itself and perish of itself; stew in its own juice
29	他们的	Tāmen de	Their; theirs
30	被视为	Bèi shì wéi	Be regarded as; be seen as.; deemed
31	龙神	Lóng shén	Dragon god; Evan; Hyperion
32	当代	Dāngdài	The present age; the contemporary era
33	手谈	Shǒu tán	Play go/cards
34	为什么	Wèishéme	Why; why is it that; how is it that
35	下来	Xiàlái	Come down; come from a higher place; go among the masses
36	打赌	Dǎdǔ	Bet; wager
37	故事	Gùshì	Story; tale; plot; old practice; routine
38	协调	Xiétiáo	Coordinate; concert; integrate
39	还有	Hái yǒu	There is still some left; still; furthermore; in addition
40	解释	Jiěshì	Explain; expound; interpret; explicate
41	王室	Wángshì	Royal family
42	叛乱	Pànluàn	Rebel; rise in rebellion; armed rebellion; insurrection
43	假报告	Jiǎ bàogào	False report
44	处决	Chǔjué	Put to death; execute
45	击倒	Jí dǎo	Down
46	移居	Yíjū	Move one's residence; migrate
47	另一个	Lìng yīgè	Another
48	报仇	Bàochóu	Revenge; avenge
49	基石	Jīshí	Footing stone; anvil; rock
50	又一次	Yòu yīcì	Again; once more; once again

51	坏人	Huàirén	Bad person; evildoer; scoundrel
52	陷害	Xiànhài	Frame; make a false charge against; snare; plot a frame-up
53	悲愤	Bēifèn	Grief and indignation; lament and resent; sad and angered
54	当地人	Dāngdì rén	Natives; local people
55	悲惨	Bēicǎn	Miserable; sad and shocking; pitiful
56	一系列	Yī xìliè	Series; tail; round; a series of

Chinese (中文)

同样，龙舟赛和粽子都已成为比节日更重要的活动。在许多地方，如果你在 5 月 28 日的周末前往水路，你会发现装饰复杂的船只由两排划桨者操纵，并由响亮的鼓手鼓动。但是，如果你错过了这个节日，还有其他机会：国际龙舟联合会是全世界划船俱乐部的保护组织，他们全年都在比赛；他们将于今年 8 月在布拉格举行世界锦标赛。

作为节日的一部分，由于伟大的中国移民，粽子已经变得和龙舟一样无处不在。今天，你可以在任何有中国人的地方买到糯米团，Yan 说：在纽约唐人街的便利店里一年四季都有，在香港的茶馆里是一口大小的美食，在柬埔寨是游客的随身小吃，在马来西亚是用丹桂叶包裹的。这些传统的无处不在是否会消解一个已经被庆祝了 1500 年的年度神话的力量？

正如屈原的故事的演变所证明的那样，传统是会改变的。尽管有所改变，但最强大的传统仍会持续下去。安德森-特纳指出，在过去，从龙舟上掉下来的划手只能自生自灭或淹死，因为他们的命运被视为龙神的意志。"她说："我没有和任何当代龙舟赛手谈过，也没有问过他们为什么现在要救掉下来的人。"但我敢打赌，他们可以将这样做与保持故事的精神相协调。"

还有一种解释，庆祝端午节是为了纪念伍子胥。在江苏和浙江，这个传说相当流行。伍子胥，和屈原一样，是 2000 年前楚国人。他的父亲曾经是王室的导师，但国王被叛乱阴谋的假报告所误导，下令处决了他和伍子胥的哥哥。吴国被悲伤击倒，后来移居到另一个正在崛起的国家----Wu（吴国），帮助他们征服楚国以报仇。

他的帮助为吴国取得的成就奠定了基石，但他又一次被坏人陷害，然后被迫在 5 月 5 日自杀。他在悲愤中死去，当地人对他表示同情。为了纪念这位悲惨的人物，举行了一系列的活动。但是无论如何，屈原是我们应当崇拜的大英雄。

Pinyin (拼音)

Tóngyàng, lóngzhōu sài hé zòngzi dōu yǐ chéngwéi bǐ jiérì gèng zhòngyào de huódòng. Zài xǔduō dìfāng, rúguǒ nǐ zài 5 yuè 28 rì de zhōumò qiánwǎng shuǐlù, nǐ huì fāxiàn zhuāngshì fùzá de chuánzhī yóu liǎng pái huà jiǎng zhě cāozòng, bìng yóu xiǎngliàng de gǔshǒu gǔdòng. Dànshì, rúguǒ nǐ cuòguòle zhège jiérì, hái yǒu qítā jīhuì: Guójì lóngzhōu liánhé huì shì quán shìjiè huáchuán jùlèbù de bǎohù zǔzhī, tāmen quán nián dōu zài bǐsài; tāmen jiāng yú jīnnián 8 yuè zài bùlāgé jǔxíng shìjiè jǐnbiāosài.

Zuòwéi jiérì de yībùfèn, yóuyú wěidà de zhōngguó yímín, zòngzi yǐjīng biàn dé hé lóngzhōu yīyàng wú chù bùzài. Jīntiān, nǐ kěyǐ zài rènhé yǒu zhòng guó rén dì dìfāng mǎi dào nuòmǐ tuán,Yan shuō: Zài niǔyuē tángrénjiē de biànlì diàn lǐ yī nián sìjì dōu yǒu, zài xiānggǎng de cháguǎn lǐ shì yīkǒu dàxiǎo dì měishí, zài jiǎnpǔzhài shì yóukè de suíshēn xiǎochī, zài mǎláixīyà shì yòng dān guì yè bāoguǒ de. Zhèxiē chuántǒng de wú chù bùzài shìfǒu huì xiāo jiè yīgè yǐjīng bèi qìngzhùle 1500 nián de niándù shénhuà de lìliàng?

Zhèngrú qūyuán de gùshì de yǎnbiàn suǒ zhèngmíng dì nàyàng, chuántǒng shì huì gǎibiàn de. Jǐnguǎn yǒu suǒ gǎibiàn, dàn zuì qiáng dà de chuántǒng réng huì chíxù xiàqù. Āndésēn-tè nà zhǐchū, zài guòqù, cóng lóngzhōu shàng diào xiàlái de huà shǒu zhǐ néng zìshēng zì miè huò yān sǐ, yīnwèi tāmen de mìngyùn bèi shì wéi lóng shén de yìzhì."Tā shuō:"Wǒ méiyǒu hé rènhé dāngdài lóngzhōu sài shǒu tánguò, yě méiyǒu wènguò tāmen wèishéme xiànzài yào jiù diào xiàlái de rén."Dàn wǒ gǎn dǎdǔ, tāmen kěyǐ jiāng zhèyàng zuò yǔ bǎochí gùshì de jīngshén xiāng xiétiáo."

Hái yǒuyī zhǒng jiěshì, qìngzhù duānwǔ jié shì wèile jìniàn wǔzixū. Zài jiāngsū hé zhèjiāng, zhège chuánshuō xiāngdāng liúxíng. Wǔzixū, hé qūyuán yīyàng, shì 2000 nián qián chǔ guó rén. Tā de fùqīn céngjīng shì wángshì de dǎoshī, dàn guówáng bèi pànluàn yīnmóu de jiǎ bàogào suǒ wùdǎo, xiàlìng chǔjuéle tā hé wǔzixū dí gēgē. Wú guó bèi bēishāng jí dǎo, hòulái yíjū dào lìng yīgè zhèngzài juéqǐ de guójiā----Wu(wú guó), bāngzhù tāmen zhēngfú chǔ guó yǐ bàochóu.

Tā de bāngzhù wèi wú guó qǔdé de chéngjiù diàndìngle jīshí, dàn tā yòu yīcì bèi huàirén xiànhài, ránhòu bèi pò zài 5 yuè 5 rì zìshā. Tā zài bēifèn zhōng sǐqù, dāngdì rén duì tā biǎoshì tóngqíng. Wèile jìniàn zhè wèi bēicǎn de rénwù, jǔxíngle yī xìliè de huódòng. Dànshì wúlùn rúhé, qūyuán shì wǒmen yīngdāng chóngbài de dà yīngxióng.

www.QuoraChinese.com

www.ingramcontent.com/pod-product-compliance
Lightning Source LLC
LaVergne TN
LVHW061952070526
838199LV00060B/4083